APERÇU HISTORIQUE

SUR

L'ÉGLISE D'AFRIQUE

EN GÉNÉRAL

ET EN PARTICULIER

SUR L'ÉGLISE ÉPISCOPALE

DE TLEMCEN.

OUVRAGES

LES PLUS RÉCENTS DU MÊME AUTEUR.

Rabbi-Yapheth-ben-Heli-Bassorensis-Karaïtæ, in librum Psalmorum, Commentarii arabici e duplici codice Mss. Bibliothecæ regiæ Parisiensis edidit specimen et in latinum convertit L. Bargès, professor linguæ hebraeæ et chaldaicæ, etc. Lutetiæ Parisiorum; excudebant Firmin Didot fratres, MDCCCXLVI.

Temple de Baal à Marseille, ou grande Inscription phénicienne découverte dans cette ville dans le courant de l'année 1845, expliquée et accompagnée d'observations critiques et historiques. Paris, chez Renonard et Cⁱᵉ, rue de Tournon, 6; et Théophile Barrois, quai Voltaire, 13. MDCCCXLVII.

Paris. — Typographie de Firmin Didot frères, rue Jacob, 56.

APERÇU HISTORIQUE

SUR

L'ÉGLISE D'AFRIQUE

EN GÉNÉRAL

ET EN PARTICULIER

SUR L'ÉGLISE ÉPISCOPALE

DE TLEMCEN,

PAR M. L'ABBÉ BARGÈS,

PROFESSEUR D'HÉBREU ET DE CHALDAÏQUE A LA FACULTÉ DE THÉOLOGIE DE PARIS,
MEMBRE DU CONSEIL DE LA SOCIÉTÉ ASIATIQUE, ETC., ETC.

> Omne datum optimum, et omne
> donum perfectum, desursum est,
> descendens a Patre luminum.
> B. JACOBI apost., *Epist. ca-*
> *thol.*, 1, 17.

PARIS,

CHEZ J. LEROUX ET A. JOUBY,
LIBRAIRES DE LA FACULTÉ DE THÉOLOGIE,
rue des Grands-Augustins, 9.

SAGNIER ET BRAY,	MADAME VEUVE GILBERT.
LIBRAIRES-ÉDITEURS,	LIBRAIRIE ORIENTALE ET EUROPÉENNE,
r. des Saints-Pères, 64.	gérée par Boutarel,

1848.

AVANT-PROPOS.

Dans un moment où tous les regards se tournent vers la terre d'Afrique, comme vers une terre d'espérance et de salut, dans un moment où des milliers de familles françaises vont porter le travail et la civilisation dans la nouvelle patrie qu'elles se sont choisie, emportant avec elles les vœux et les bénédictions de la France entière, il m'a semblé que je ferais une chose agréable aux colons qui nous quittent, aussi bien qu'à tous ceux que leur sort intéresse, si je leur présentais un sommaire de l'histoire du christianisme dans les contrées que l'on va repeupler. Il y a plus de six cents ans, le flambeau de l'Évangile fut tout à fait éteint, en Afrique, par le souffle du fanatisme musulman, et les derniers chaînons des traditions apostoliques brutalement rompus par le sabre des disciples du faux prophète. Les Chrétiens, que la divine Providence a destinés à renouer cette chaîne, et à faire fleurir de nouveau la religion de Jésus-Christ dans cette partie du monde, ne liront donc pas, je l'espère, sans quelque intérêt, les diverses phases par lesquelles l'Église d'Afrique jadis si prospère, et illustrée par les plus grands noms, tels que les Tertulien, les Lactance, les Cyprien, les Optat, les Arnobe, les Augustin, a successivement passé avant le moment fatal de sa ruine et de son extinction. L'histoire de cette Église, jusqu'au sixième siècle, est assez généralement connue; il m'a paru superflu de retracer ici des faits que l'on trouve facilement ailleurs avec tous les développements que l'on peut désirer. Mon dessein, en publiant le présent opuscule, a été seulement d'esquisser à grands traits l'état de l'Eglise d'Afrique, à partir de l'époque de la conquête musulmane jusque vers le milieu du treizième siècle de notre ère, et de réunir dans un seul faisceau les documents historiques aussi rares que précieux, qui se rapportent au temps compris entre ces deux termes, et que j'ai pu recueillir, soit dans les auteurs ecclésiastiques, soit chez les écrivains musulmans. Si je parle plus spécialement de l'Église de Tlemcen, c'est que ce travail est un extrait d'un ouvrage considérable, encore inédit, dont l'objet principal est de faire connaître cette ancienne capitale du Maghreb, et où ce que je dis des autres Églises ne forme, pour ainsi dire, qu'un épisode et un hors-d'œuvre : c'est l'excuse que je suis prêt à fournir à ceux qui ne trouveraient pas mon plan assez dessiné, ni suffisamment rempli. Sans doute, avec de la patience et l'aide du temps, il est permis de faire plus et mieux que je n'ai fait, mais il est une circonstance où l'indulgence est, en quelque sorte, commandée, c'est lorsqu'un auteur, sourd aux réclamations de l'amour-propre et ne suivant que l'inspiration de son cœur, consent à affronter les périls de la publicité, dans la pensée qu'en mettant au jour un écrit dont l'opportunité ne lui paraît point douteuse, il court l'heureuse chance de faire quelque chose d'utile à ses lecteurs, et de mériter ainsi leur reconnaissance et leur approbation. C'est dans cet espoir que je livre au public les quelques pages qui suivent. Puissent-elles servir à l'édification des Chrétiens, mes frères, et contribuer à la gloire *du Père des lumières de qui descend tout bien excellent, tout don parfait.*

L. BARGÈS.

Paris, le 19 novembre 1848.

APERÇU HISTORIQUE

SUR

L'ÉGLISE D'AFRIQUE

EN GÉNÉRAL

ET EN PARTICULIER

SUR L'ÉGLISE ÉPISCOPALE

DE TLEMCEN.

L'origine des Églises d'Afrique est, de l'aveu de tous les historiens ecclésiastiques, couverte d'incertitude et de ténèbres. L'on doit regarder comme fabuleuse la tradition de l'Église grecque, d'après laquelle l'apôtre saint Simon aurait le premier prêché l'Évangile dans toute l'étendue de la Mauritanie et dans les villes d'Afrique, puis aurait passé en Angleterre, où il aurait souffert le martyre après avoir converti à la foi un grand nombre d'idolâtres (1). Ce qui paraît pourtant

----

(1) Διεπέρασε, dit l'auteur du Συναξαριστὴς τῶν δώδεκα μηνῶν τοῦ ἐνιαυτοῦ (t. III, pag. 29), sous la rubrique du 10 mars, ὅλην

hors de doute, c'est que la foi chrétienne fut
d'abord établie à Carthage, capitale de l'A-
frique proprement dite, et se répandit de là
dans le reste de la contrée et dans les Mauri-
tanies. En effet, l'évêque de Carthage a toujours été regardé comme le primat des églises
africaines : le premier apôtre de cette cité y fut
sans doute envoyé dans le premier siècle de
l'Église par le pontife de Rome. Cela expli-
querait pourquoi, dès l'origine, les églises
particulières d'Afrique relevèrent du patriar-
chat d'Occident et furent toujours soumises
aux rites et à la liturgie romaine : il est vrai
que les populations de la plupart des villes
du nord de l'Afrique, étant d'origine latine,
durent naturellement, sous le rapport spiri-
tuel et religieux, dépendre de la vieille métropole dont elles avaient conservé la langue
et les mœurs. Quoi qu'il en soit, l'établissement de la foi dans cette partie du monde
remonte au berceau même du christianisme,

τὴν Μαυριτανίαν καὶ τὰς χώρας τῆς Ἀφρικῆς, κηρύττοντας τὸν Χρι-
στόν. Ὕστερον δὲ καταντήσας εἰς τὴν Ἐγγλιτέραν καὶ πολλοὺς ἀπί-
στους φωτίσας μὲ τὸ φῶς τοῦ Εὐαγγελίου, ἐσταυρώθη ἀπὸ τοὺς εἰδω-
λολάτρας, καὶ τελειωθεὶς, ἐνταφιάσθη ἐκεῖ.

car, suivant le témoignage de saint Cyprien et celui de saint Augustin, dejà au deuxième siècle, la Numidie et la province proconsulaire comptaient soixante et dix évêques; au quatrième et au cinquième siècle, leur nombre s'élevait à plus de trois cents.

Tlemcen, qui, sous le règne des Antonins, était devenue une ville importante (1) et jouissait des prérogatives attachées à son titre de colonie romaine, fut, à n'en pas douter, une des premières à recevoir les lumières de l'Évangile et à être érigée en siége épiscopal. La *Notice* parle de l'*Episcopus Timicitanus* ou *Timicitensis*. Or *Timici* est le nom que les Romains donnaient à Tlemcen, mot dont la véritable prononciation, suivant les géographes arabes, est *Tilimcin*.

Le premier évêque de *Timici* (Timicitanus) dont il soit fait mention dans les annales de l'Église d'Afrique, s'appelait *Victor* (2). Il

_____

(1) Pline (*Histor. natural.* libr. **V**, c. 1) donne à Timici le titre de *civitas*, et Ptolémée (lib. **IV**, c. 3), qui la place entre le fleuve *Cartennus* (Sig ?) et la *Mouloucha* (Molouya), nous apprend qu'elle fut assignée comme colonie à la troisième légion d'Auguste.

(2) *Africa christiana*, t. I, pag. 325.

assista en 411 au concile de Carthage, où il se prononça contre les Donatistes avec les autres évêques catholiques (1). Le dernier dont le nom nous soit parvenu, est un certain *Honoratus*, que la *Notice* nomme le sixième dans la liste des évêques catholiques de la Mauritanie Césarienne. En 484, il fut condamné à l'exil (2) par le roi Hunéric, pour n'avoir pas voulu adhérer à la profession de foi des Ariens.

A partir de cette époque, l'histoire se tait sur le sort de l'Église épiscopale de Tlemcen : il est vraisemblable que si, dans ces temps de trouble et de désolation, elle garda la foi intacte, les mœurs et la discipline durent s'y relâcher, comme dans le reste de l'Afrique septentrionale. Tout le monde connaît le tableau que Salvien, prêtre de Marseille, a tracé de la corruption affreuse qui régnait, à son époque, parmi les Chrétiens de l'Afrique. La domination des Vandales, hérétiques cruels et persécuteurs, avait été funeste à l'orthodoxie des fidèles et du clergé africain : vers la fin de leur règne, il n'y avait presque plus d'é-

(1) Cognit. I, n. 135.
(2) Cognit. I, n. 197.

vêques catholiques dans toute l'étendue du nord de l'Afrique. La conquête de Bélisaire vint mettre fin à cette désolation; en effet, les églises furent alors restituées aux Catholiques, et la religion commença à reprendre une partie de son ancienne splendeur. Tlemcen, quoique éloignée de la métropole ecclésiastique, éprouva incontestablement les heureux effets de ce retour à la vraie foi; mais il est incertain si, à cette époque, la chaire épiscopale de cette ville fut de nouveau occupée.

Il y avait un peu plus de cent ans que les Églises d'Afrique, sous la protection des empereurs de Constantinople, jouissaient de la paix, lorsque les redoutables disciples du fils d'Abd'Allah vinrent tout à coup tirer les Chrétiens de leur sécurité : c'était en 647. Une lutte acharnée s'engagea dès lors entre les anciens possesseurs de la contrée et les nouveaux conquérants qui finirent par se rendre maîtres de toute l'Afrique septentrionale.

A cette époque, c'est-à-dire vers l'an 708, un grand nombre de Chrétiens, à qui le joug musulman paraissait pire que la mort, s'embarquèrent pour l'Espagne, la Grèce ou l'Italie, et dirent au sol de la patrie un adieu éternel. Quant à ceux qui restèrent dans le pays, ils durent subir la loi du vainqueur, c'est-à-dire, ou embrasser l'islamisme ou payer le tribut prescrit par le Koran. Mais si, d'un côté, il est probable que des apostasies vinrent alors affliger l'Église et diminuer le nombre des Chrétiens, d'un autre, il n'est pas moins certain que la foi catholique ne succomba pas tout à fait à cette terrible épreuve, et que la succession de l'ordre épiscopal n'y fut point interrompue, du moins dans tous les siéges. Quelques faits historiques ignorés, ou dont on n'a pas voulu tenir compte, viennent à l'appui de mon assertion.

Au commencement du huitième siècle, Grégoire II porta un décret par lequel il prescrivait aux évêques d'Italie de ne pas admettre aux ordres sacrés les Africains qui se présentaient çà et là pour les recevoir : *Afros passim ad ecclesiasticos ordines prætendentes suscipiendos non esse* (1).

De la teneur de ce décret, il est permis de

_____

(1) *Africa christiana*, t. I, page 46.

déduire les deux faits suivants : 1º L'existence en Afrique de Chrétiens que la pénurie des évêques obligeait de se transporter en Europe pour y recevoir l'ordination; 2º le mauvais renom qui était attaché à ces mêmes Chrétiens, et qui faisait qu'on suspectait leur orthodoxie et la régularité de leur mœurs.

Par ce sage décret, le pape Grégoire prévenait les ordinations indignes et précipitées, se réservant, sans doute, à lui ou à ses délégués, le soin de conférer les ordres à ceux des Chrétiens venus d'outre mer qu'un examen sévère et consciencieux montrerait dignes des honneurs redoutables du sanctuaire.

Un écrivain arabe fort connu, Abou-Obéid-el-Békrii, auteur d'un traité de géographie qui porte le titre de : المسالك والممالك, *les Routes et les Empires*, atteste que, de son temps, il y avait à Tlemcen des églises et des Chrétiens. Voici ses propres paroles : وبها اثار عادية, وكنائس حتى الان بالنصارى معمورة, *Cette ville renferme des ruines de monuments antiques, et l'on y voit encore de nos jours des églises entretenues par les Chrétiens* (1). Or Abou-

_____
(1) Ce passage a été cité par Yahia ben Khaldoun dans son

Obéid écrivait à Cordoue en 352 de l'hégire, ce qui répond à l'année 963 de notre ère. Ces églises et cette population chrétienne supposent qu'il y avait alors dans cette partie de l'Afrique non-seulement des prêtres pour l'exercice du culte, mais encore des évêques pour ordonner ces prêtres et leur donner la juridiction.

Du temps de Léon IX, en 1053, l'Église d'Afrique comptait encore cinq évêques (1). De ces cinq évêques, trois envoyèrent des lettres au pape pour se plaindre de celui de Gummi (2), qui prétendait que, la ville de Carthage, où se trouvait le primat, ayant été détruite, la primauté lui revenait de droit. Ils demandaient au souverain pontife quel était celui d'entre eux qu'ils devaient regarder comme leur véritable métropolitain. Les

---

Histoire des Beni Abd' el-Wâdy (manuscrit de ma collection particulière, f. 4 r°), d'où je l'ai moi-même tiré. Le savant M. Et. Quatremère a donné un long extrait du géographe El-Békrii, dans le t. XII des *Notices et Extraits des manuscrits.*

(1) Labbe, t. IX, page 972.

(2) Malgré les nombreuses recherches auxquelles je me suis livré, il ne m'a pas été possible de découvrir, chez les auteurs anciens, le nom de cette ville, ni, par conséquent, d'en déterminer la position géographique.

trois évêques qui s'adressèrent à Léon pour lui soumettre cette contestation et demander son jugement, étaient Thomas, Pierre et Jean, dont les siéges ne sont pas indiqués. Le pape leur écrivit deux lettres, l'une adressée à Thomas, que l'on présume avoir été l'évêque de Carthage, et l'autre aux deux évêques Pierre et Jean.

Dans la première, après avoir déploré le triste état de l'Église d'Afrique, réduite à un si petit nombre d'évêques, de deux cent cinq que l'on voyait autrefois réunis dans un même concile, il déclare que l'évêque de Carthage, nonobstant les ruines de la ville épiscopale, est le primat de toute l'Afrique; que l'évêque de Gummi ne pouvait, sans le consentement de celui-ci, consacrer ni déposer des évêques, ni assembler des conciles provinciaux, et qu'il avait seulement le droit de gouverner son diocèse particulier. « Au reste, ajoute-t-il, sachez que, sans l'ordre du pape, on ne peut tenir de concile général, ni porter un jugement définitif sur un évêque, ce que vous trouverez dans les canons. » Cette lettre est datée du 17 décembre, cinquième année du pontificat de Léon, indiction septième, ce qui répond à l'an 1053 (1).

La seconde lettre, adressée aux évêques Pierre et Jean, contient la même décision. Léon les y exhorte à la concorde et y sollicite leur zèle en faveur de cette pauvre Église d'Afrique. Il y parle aussi de l'établissement des métropoles, en s'appuyant sur les fausses décrétales (2).

Ceci se passait en 445 de l'hégire, sous le règne du sultan zéirite El-Moez, qui commandait toute la partie occidentale du nord de l'Afrique, depuis Miliana jusqu'à Tripoli et Barca. A cette époque, El-Moez avait quitté le parti des khalifes fatimites de qui il avait reçu l'investiture, et il s'était déclaré pour l'abbasside El-Kaïem Bacir Allah, khalife de Baghdad.

A l'occident, les princes almoravides venaient de jeter les fondements d'un empire qui devait peu à peu absorber tous les autres petits États du Maghreb.

Il est probable que les cinq évêques se con-

(1) Baronius, ann. 1053, n. 41; et Labbe, t. IX, page 971.
(2) Fleury, *Histoire ecclés.*, livre LX, année 1053. Paris, 1713, t. XIII, page 56.

formèrent à la décision du souverain pontife, et que, après avoir rétabli entre eux l'ordre et la paix, ils travaillèrent au maintien de la foi déjà fort affaiblie parmi les chrétiens confiés à leurs soins, ordonnèrent des prêtres et des évêques, et remplirent, en un mot, les devoirs de pasteurs des âmes. Les fidèles de Tlemcen ne furent pas sans doute oubliés dans ces circonstances, et les dangers imminents auxquels leur croyance était exposée au milieu des Musulmans, durent réveiller la tendre sollicitude de leurs chefs spirituels.

Vingt ans plus tard, c'est-à-dire en 1073, nous trouvons encore à Carthage un évêque, primat de l'Afrique. C'était sous le pontificat de Grégoire VII, cet ennemi infatigable de l'hérésie et des tyrans.

Le sultan El-Moez, par sa révolte contre les khalifes fatimites, avait attiré sur lui les armes de ces derniers. El-Mostanser Billah, huitième khalife de cette dynastie (1), envoya contre lui une armée formidable qui s'empara

(1) Ce prince mourut en 487 de l'hégire (1096 de J. C.), après un règne de 60 ans. Voyez l'*Histoire des révolutions de l'empire des Arabes*, par l'abbé de Marigny, t. I, pag. 113 et 114, Paris, 1750.

successivement de Tripoli, de Kaïrowan et de plusieurs autres villes de l'ancienne Bizacène. En-Nâcir ben Ala-en-Nès ben Hammad, émir de Bougie et proche parent d'El-Moez, avait profité de ces troubles pour se rendre maître de plusieurs places de l'Afrique proprement dite, et agrandir ainsi ses États. Tunis même était tombé sous son pouvoir. Témim, fils et successeur d'El-Moez, au désespoir de voir ainsi ses États démembrés, déclara la guerre à En-Nâcir et vint mettre le siége devant Tunis, dont il ne put s'emparer. Ceci se passait en 459 de l'hégire (1067 de J.-C.) (1).

C'est au règne de Témim ben el-Moez qu'il faut rapporter le fait suivant, que les historiens ecclésiastiques placent sous la rubrique de 1073, époque où ce sultan avait repris la ville de Tunis sur En-Nâcir, son rival et son adversaire. Cyriaque, primat de Carthage, avait refusé d'admettre à l'ordination des sujets qui en étaient indignes. Ceux-ci, appuyés par quelques membres du clergé et par des

---

(1) *Histoire de l'Afrique et de l'Espagne sous la domination des Arabes*, par Cardonne. Paris, 1765, t. II, p. 119 et 125; et *Histoire de l'Afrique* d'Abou-Abd'allah-Mohammed ben Abi'l-Roäini-el-Kaïrowani. Paris, 1845, liv. V, p. 144, 145.

laïcs, s'adressèrent au prince musulman pour accuser auprès de lui le primat, et faire sommer celui-ci de conférer les ordres sacrés aux chrétiens en question. La justice musulmane, peu soucieuse d'examiner sur quel droit reposaient les prétentions des accusateurs, profita de cette circonstance pour humilier le chef de la religion chrétienne. En effet, Cyriaque, persévérant dans son refus de procéder aux ordinations qu'on lui demandait, fut condamné par les cadhis à être battu de verges et traité comme un malfaiteur.

Grégoire VII, ayant appris cette affligeante nouvelle, s'empressa d'écrire au clergé et au peuple de Carthage pour les reprendre de ce que leur conduite avait eu de blâmable; il les conjura avec larmes de rétablir la paix entre eux et d'expier leur faute par la pénitence, s'ils ne voulaient encourir la malédiction de saint Pierre et de saint Paul.

Il adressa en même temps une lettre au primat pour le louer de la fermeté dont il avait fait preuve, en souffrant divers tourments plutôt que de violer les saints canons et de se

_____

(1) Lib. I, epist. 22.

conformer aux ordres injustes d'un prince infidèle. Il l'exhorte ensuite, par l'exemple des
Saints, à ne point se laisser abattre par les
tribulations et les souffrances de ce monde;
il le console par la considération de la récompense qui est réservée à ceux qui souffrent
pour la justice; il le prie de lui donner sou-
vent de ses nouvelles, et il finit par former des
vœux, afin que Dieu regarde l'Église d'Afrique qui était affligée depuis si longtemps (1).

En 467 de l'hégire (1074 de J. C.), le sultan
Témim fils d'El-Moez, fatigué de la guerre
civile qui désolait ses États, fit faire des pro-
positions de raccommodement à En-Nâcir ben
Ala-en-Nès. La paix fut conclue dans le cours
de la même année, et elle fut cimentée par le
mariage de la fille de Témim avec En-Nâcir, à
qui il donna, au surplus, des richesses im-
menses (2).

Par ce traité, la partie orientale du nord de
l'Afrique se trouvait partagée en deux prin-
cipautés : à l'orient, la principauté des Zéirites,
comprenant l'ancienne *Tripolitaine*, la *Biza-*

(1) Libr. I, epist. 23.
(2) *Hist. de l'Afrique* de Mohammed ben Abi'l-Roaïni, p. 146.

cène, la *Zeugitane* et une portion de la Numidie jusqu'à *Tuniza* ou la Calle; et à l'occident,
la principauté des Beni-Hammad, qui se composait de l'ancienne *Mauritanie Sitifienne* et
d'une portion de la *Césarienne* jusqu'à Alger
et Miliana. Mahadiah était la capitale de la
principauté des Zéirites ; les Beni-Hammad
avaient établi leur résidence à Bougie. La ville
d'Hippo ou Hippone, que le nom de saint Augustin a rendue si célèbre, se trouvait située
dans les États d'En-Nâcir ben Âla-en-Nès (1).

(1) Suivant Fleury (*Histoir. ecclésiast.*, liv. LX, ann. 1073),
il ne s'agit pas ici d'Hippone (*Hippo regia*), illustrée par l'é-
piscopat de saint Augustin, mais d'une autre Hippo située en
Numidie, et qui n'est autre qu'Hippo ou Bizerte, appelée aujourd'hui *Benzert* par les Arabes, et sise sur la côte, à la dis-
tance de trente-six milles romains de l'ancienne Utique (*Géographie ancienne des États barbaresques*, d'après l'allemand de
Mannert, Paris, 1842, p. 352 et suiv.). Il est évident que cet
historien se trompe, car l'*Hippo* dont il est question dans les
lettres de Grégoire VII, était située, d'après l'épigraphe de ces
mêmes lettres, dans la Mauritanie Sitifienne (*in Mauritania Sitiphensi*), et non dans la Numidie. En second lieu, dans l'épigraphe de la lettre par laquelle Grégoire VII recommande
Servandus au peuple d'Hippone, ce prélat est qualifié du nom
d'*archiepiscopus* : or Bizerte était trop voisine de l'église
métropolitaine de Carthage, pour avoir un siége archiépi-
scopal. Cette raison suffirait pour nous faire placer le siége de
Servandus ailleurs qu'à Hippo de Numidie ou *Hippon acra*,
comme la nommaient les Grecs (voyez Mannert, p. 356 et s.).

Sous le règne de ce prince, les Chrétiens y étaient encore très-nombreux et, ce qui est extraordinaire, protégés par lui. Le siége épiscopal de cette ville étant devenu vacant, le clergé et les fidèles se choisirent pour évêque un prêtre appelé Servandus. L'église d'Afrique ne possédait plus, à cette époque, qu'un évêque, le primat de Carthage, et, selon les canons, il en fallait trois pour donner la consécration épiscopale. Le sultan En-Nâcir, sous les auspices de qui le choix du prêtre Servandus s'était fait, envoya à Rome l'évêque élu, avec une lettre dans laquelle il priait le pape d'accéder aux vœux des Chrétiens. Il ajouta à cela de riches présents et le renvoi de quelques chrétiens qui avaient été faits esclaves par les musulmans. Le pape, touché de la misère de l'Église d'Afrique, et plein d'admiration pour la démarche généreuse que le prince musulman venait de faire auprès de lui, accéda à la demande qui lui était adressée, et il imposa lui-même les mains au nouvel évêque, lequel il renvoya dans son pays avec trois lettres.

Dans l'une, qui est adressée à Cyriaque, primat d'Afrique, il déplore le triste état de cette

Église, où il ne se trouvait pas trois évêques pour en sacrer un quatrième. « C'est pourquoi, ajoute-t-il, nous vous conseillons, à vous et à celui à qui nous venons de donner la consécration épiscopale, de choisir un prêtre digne de nous être présenté, afin que, après l'avoir élevé à la dignité d'évêque, nous vous le renvoyions, et que vous puissiez faire les ordinations selon les canons. « Cette lettre porte une date qui répond au mois de janvier de l'an 1076.

Dans la seconde, qui était adressée aux fidèles de l'église d'Hippone (1), le pape leur recommande leur nouvel évêque, et il les exhorte en même temps à mener une vie sainte et irréprochable, afin que leur exemple touche et convertisse les Musulmans parmi lesquels ils vivent. « Il faut, ajoute-t-il, qu'en voyant vos œuvres, ils glorifient le Père qui est dans les cieux. »

La troisième était destinée au sultan En-

---

(1) Lib. III, epist. 19.

(2) Cette lettre commence ainsi : *Gregorius episcopus, servus servorum Dei, clero et populo hipponensi in Mauritania Sitiphensi, id est in Africa constitutis, salutem et apostolicam benedictionem.*

2

Nâcir ben Âla-en-Nès lui-même. C'est un mo-
nument curieux du moyen âge que l'on me
permettra de citer ici en entier, d'après la
traduction qui en a été donnée par l'abbé
Jager dans un recueil religieux (1). Le voici :

« Grégoire (2), serviteur de Dieu, à An-
nacir, roi de Mauritanie, de la province de
Sétif en Afrique, salut et bénédiction apo-
stolique.

« Votre noblesse nous a envoyé cette
année des lettres pour nous prier d'ordonner
évêque le prêtre Servandus suivant la consti-
tution chrétienne : comme votre demande est
juste et de bon augure, nous nous sommes
empressé d'y accéder. Vous y avez ajouté
des présents, et, ce qui est bien plus beau,
poussé par le respect pour saint Pierre, et

_____

(1) *L'Université catholique*, n° 115, juillet 1845, p. 17.

(2) « Ad Anzir, regem Mauritaniæ.

« Gregorius, episcopus, servus servorum Dei, Anzir regi
Mauritaniæ Sitiphensis provinciæ in Africa, salutem et apostolicam benedictionem.

« Nobilitas tua hoc in anno literas suas nobis misit, quatenus
Servandum presbyterum episcopum secundum christianam
constitutionem ordinaremus : quod, quia petitio tua justa et
optima videbatur, facere studuimus. Missis etiam ad nos mu-
neribus, christianos, qui apud vos captivi tenebantur, reve-
rentia beati Petri, principis apostolorum, et amore nostro

par affection pour nous, vous avez rendu la liberté à des chrétiens captifs chez vous, et promis d'en délivrer encore plusieurs autres. C'est le Dieu créateur de toute chose, sans lequel nous ne pouvons ni faire ni penser rien de bon, qui a donné cette bonté à votre cœur ; c'est lui qui, éclairant tout homme venant en ce monde, a fait luire cette bonne intention dans votre âme ; car le Dieu tout-puissant qui veut que tous les hommes soient sauvés, et qu'aucun ne périsse, n'aime rien tant en nous, sinon que l'homme après l'amour pour lui (Dieu), aime l'homme, et qu'il ne lui fasse pas ce qu'il n'aime point qu'on fasse à lui-même. Cette charité réciproque, nous nous la devons plus qu'aux autres nations, puisque nous croyons et confessons,

dimisisti, alios quoque captivos te dimissurum promisisti. Hanc denique bonitatem creator omnium Deus, sine quo nihil boni facere, imo nec cogitare possumus, cordi tuo inspiravit : ipse qui illuminat omnem hominem venientem in hunc mundum in hac intentione mentem tuam illuminavit. Nam omnipotens Deus qui omnes homines vult salvos facere et neminem perire, nihil est quod in nobis magis approbet, quàm ut homo post dilectionem suam hominem diligat, et quod sibi non vult fieri, alii non faciat. Hanc itaque caritatem nos et vos specialibus nobis quam ceteris gentibus debemus, qui unum Deum, licet diverso modo, credimus et

quoique d'une manière différente, un seul
Dieu, et que chaque jour, nous louons et adorons le créateur des siècles et l'arbitre de ce
monde; car, comme dit l'apôtre, c'est lui qui
est notre paix et qui des deux en a fait un.

« Plusieurs des nobles Romains, ayant appris par nous la grâce que Dieu vous a faite,
admirent votre bonté et vos vertus, et les pu-
blient partout. De leur nombre, sont deux
de nos amis particuliers, Albéricus et Cincius, élevés avec nous depuis leur jeunesse,
dans le palais romain. Désirant obtenir votre
amitié et votre affection, et vous servir de
leur mieux dans notre pays, en tout ce qui
peut vous être agréable, il vous envoient de
leurs gens pour vous faire voir combien ils

confitemur, qui eum creatorem sæculorum et gubernatorem
hujus mundi quotidie laudamus et veneramur. Nam sicut
apostolus dixit : ipse est pax, qui fecit utraque unum. Sed
hanc tibi gratiam a Deo concessam plures nobilium Romano-
rum per nos cognoscentes, bonitatem et virtutes tuas omnino
admirantur et prædicant. Inter quos duo familiares nostri
Albericus et Cincius, et ab ipsa pene adolescentia in romano
palatio nobiscum enutriti, multum desiderantes in amicitiam
et amorem tuum devenire, et de his quæ in partibus nostris
placuerit tibi libenter servire, mittunt ad te homines suos,
ut per eos intelligas quantum te prudentem et nobilem ha-

savent apprécier votre prudence et votre noblesse, et combien ils désirent vous rendre
service. En les recommandant à votre magni-
ficence, nous vous prions, pour l'amour de
nous et pour la récompense de ceux qui vous
les envoient, de leur montrer la charité que
nous aurons toujours pour vous et pour les
vôtres. Car Dieu sait avec quelle intention
pure, pour l'honneur de Dieu même, nous
vous aimons et désirons votre salut et votre
gloire en la vie présente et en la vie future.
Nous prions Dieu de bouche et de cœur,
que lui-même, après de longues années ici-
bas, vous conduise au sein de la béatitude du
très-saint patriarche Abraham. »

Comme on voit, tout dans cette lettre res-
pire la charité, le zèle et la prudence aposto-

---

beant, et quantum tibi libenter servire velint et valeant.
Quos magnificentiæ tuæ commendantes rogamus, ut eam
caritatem, quam tibi tuisque omnibus semper impendere desideramus, eis pro amore nostro et recompensatione fidelitatis
prædictorum virorum impendere studeas. Scit enim Deus,
quia pure ad honorem Dei te diligimus et salutem et honorem
tuum in præsenti et in futura vita desideramus. Atque ut ipse
Deus in sinum beatitudinis sanctissimi patriarchæ Abrahæ
post longa hujus vitæ spatia te perducat corde et ore rogamus. ».
Labbe, T. X, p. 146, lib. III, epist. 21.

lique. Il est à croire que la démarche d'En-
Nâcir auprès du pontife de Rome n'avait pas
un but purement religieux, mais que ce sultan,
voulant consolider l'existence de ses États,
et se prémunir contre un retour de fortune
de la part de son beau-père Temim ben el-
Moez, rechercha l'amitié des princes chrétiens, dont le nom commençait déjà à se faire
respecter sur la côte orientale de l'Afrique. En
effet, un an après cette démarche, les Génois
et les Vénitiens coalisés se présentèrent avec
une flotte de près de trois cents navires, et ils
saccagèrent Zouïlah et Mahadiah qu'ils trou-
vèrent sans défense, le sultan Témim étant
alors occupé au siége de Kaby et de Sfax (1).

Quelques années après, les Chrétiens chas-
sèrent les Musulmans de la Sicile, et vinrent
même plusieurs fois ravager la côte africaine.
Dans les temps postérieurs à ces événements,
l'on voit plus d'un émir de ces contrées en-
voyer implorer le secours des rois chrétiens de Sicile. Les vues politiques que nous
supposons à En-Nâcir n'offrent donc rien

---

(1) *Histoire de l'Afrique* de Mohammed ben Abi'l-Roaïni,
page 146.

d'invraisemblable. Du reste, quel que fût le motif secret qui dicta la conduite de ce sultan, le pape sut profiter de cette circonstance pour le bien de la religion, et quand il envoya au prince africain les personnes qu'il recommande à sa charité, il leur avait sans doute donné une mission confidentielle, celle de sonder le cœur de l'infidèle et de travailler habilement à sa conversion.

Il est probable, quoique l'histoire garde sur ce point un profond silence, qu'un autre prêtre fut envoyé à Rome pour y être sacré, et puis renvoyé en Afrique, et que le sultan En-Nâcir continua de protéger les Chrétiens de ses États jusqu'à sa mort, qui eut lieu en 1092 de notre ère (1). Il paraît que ses successeurs suivirent à peu près la même ligne de conduite à l'égard des Chrétiens, et que, s'ils ne leur accordèrent pas la même protection ni les mêmes faveurs, ils tolérèrent au moins la religion de Jésus-Christ, comme ils toléraient celle de Moïse. Ce qui le prouve, c'est que, au commencement du douzième siè-

(1) Pagi, année 1076, n. 7.

cle, en 1114, il y avait encore des églises dans
cette partie de l'Afrique, comme on le voit
par le fait suivant.

« Pierre le diacre, dit Pagi (1), parle dans
« son ouvrage, de quelques moines du Mont-
« Cassin qui furent pris par les Sarrasins, et
« il fait mention de quelques églises chré-
« tiennes qui restaient encore en Afrique au
« commencement du douzième siècle et avant
« l'apparition de la secte des Almoravides. Ces
« princes fanatiques, ajoute-t-il, détruisirent
« toutes les églises des Chrétiens ou mozara-
« bes, tant en Afrique qu'en Espagne. Pierre,
« moine du Mont-Cassin, continue-t-il, rap-
« porte qu'Azzon, supérieur du monastère
« du Mont-Cassin, et quelques autres moines,
« passant de l'île de Sardaigne en Italie,
« furent pris par les pirates et emmenés
« en Afrique, dans la ville de *Calama,*
« qui est nommée *Alchila* par les Sarra-
« sins. Cette ville n'est autre que *El-Cala*
« ou *Kala Amad,* c'est-à-dire *la citadelle*
« *de Hamad* (lisez *Hammad*), ainsi ap-

(1) Pagi, année 1114, n. 3.

« pelée du nom de son fondateur qui était
« de la famille des zéirites. *Kala Amad*, ainsi
« que la nomment les écrivains peu versés
« dans la géographie, a été confondue mal à
« propos par eux avec l'ancienne *Calama ;*
« car, à l'époque dont nous parlons, cette ville
« n'existait plus depuis longtemps, tandis que
« *Calat Hamad* (lisez *Kalaat Hammad*) était
« alors une cité nouvelle. Or Azzon, suivant
« le récit du même moine Pierre le diacre,
« étant mort pendant sa captivité, fut en-
« terré devant l'autel de l'église de *Cala*, qui
« était érigée en l'honneur de la bienheureuse
« vierge Marie. Il s'opéra sur son tombeau
« plusieurs miracles que rapporte le même
« chroniqueur et dont les Sarrasins eux-mê-
« mes furent témoins. Le roi (le sultan), ayant
« entendu parler de ces miracles à quelques-
« uns de ses officiers, ne voulut pas y prêter
« foi, mais il ordonna d'éteindre la lampe et
« de garder l'église comme auparavant; puis,
« sortant de son palais, il se transporta à la
« maison du *callife* (khalife), qui était atte-
« nante à l'église. Or, par le mot de *callife*
« (khalife), il faut entendre ici le curé ou plutôt

« l'évêque de l'église chrétienne, parce que
« c'était ainsi que les Sarrasins appelaient
« dans leur langue les prêtres de cette reli-
« gion, attachant à ce nom un sens qui rap-
« pelait bien plus l'idée d'autorité spirituelle
« que celle de puissance temporelle, surtout
« depuis que les personnages qui, chez eux,
« étaient revêtus de ce titre, avaient perdu
« tout pouvoir politique, et qu'il ne leur res-
« tait plus que l'ombre du souverain pontifi-
« cat. Or, suivant l'historien arabe Nowéiri, le
« roi ou plutôt le sultan de Calaat-Hammad
« se nommait El-Aziz-Billah, et était ar-
« rière-petit-fils du sultan En-Nâcir qui se
« montra favorable aux Chrétiens sous Gré-
« goire VII (1). »

Dans le douzième siècle, il restait donc encore des églises dans le nord de l'Afrique,
c'est-à-dire dans la province ecclésiastique de
Sétif, qui était alors sous la dépendance du
gouvernement des sultans de Bougie, et le
nom chrétien n'y était pas tout à fait éteint.

(1) Voyez *Annales ecclesiastici, auctore Cæsare Baronio, cum critica historico-chronologica Ant. Pagi. Venetiis, apud Stephanum Monti,* ad ann. 1114.

Morcelli (1) conjecture que le christianisme fut anéanti et tout vestige de l'an-
tique Église d'Afrique effacé, vers le milieu
du douzième siècle, sous la domination des
Almohades. Cette même opinion a été re-
produite dans l'*Université catholique* (2),
par M. l'abbé Jager, qui dit en parlant de
ces princes : « Maîtres de l'Afrique depuis
« l'océan Atlantique jusqu'au royaume de
« Tunis, ils firent main-basse sur les Chré-
« tiens et massacrèrent tous ceux qui ne vou-
« laient pas renier le Christ et embrasser la
« religion fanatique du prophète. Il n'en
« échappa qu'un petit nombre, dont les uns
« se sauvèrent en Espagne et les autres se ca-
« chèrent au milieu des rochers, où, sans prê-
« tres et sans sacrifice, ils s'éteignirent insen-
« siblement. »

Ce sentiment, qui avait été déjà exprimé par
Pagi (3), ne repose que sur des données fort
vagues et semble même être en contradiction
avec les faits historiques. Nous voyons, en

(1) *Africa christiana*, t. I, pag. 47.
(2) Tome XX, n. 115, juillet 1845, pag. 19.
(3) Ad ann. 1149, n. 7, 8.

effet, des corps de troupes chrétiennes dans les armées des Almohades jusque vers la fin du treizième siècle de notre ère. Ces Chrétiens n'étaient pas des renégats, tels que ceux dont les schérifs du Maroc s'entourèrent plus tard pour leur servir de gardes du corps : les noms de *Roum* et de *Noçára* que les écrivains arabes leur donnent, prouvent que ces Chrétiens, pour prendre alors du service dans les armées musulmanes, n'étaient pas forcés de renier la foi de leurs pères.

Ghamorâcen, premier roi de Tlemcen, qui a régné de 633 à 681 de l'hégire, avait à sa solde un grand nombre de Chrétiens. A l'appui de mon assertion, je citerai le fait suivant qui est rapporté par Yáhia ben Khaldoun dans son histoire des Beni-Abd'el-Wâdy (1). « Ghamo-« râcen, dit cet auteur, avait à sa solde un « escadron de deux mille cavaliers chrétiens « (Roum) qu'il avait tirés des pays soumis à « l'empire des Almohades. Le destin voulut « qu'il passât un jour en revue toutes ses trou-« pes hors des murs de sa capitale : c'était un

(1) Manuscrit de ma collection, fol. 14 r°.

« mercredi, rebie second de l'année 652.
« Quand il fut arrivé aux Chrétiens (Noçâra)
« qui étaient aux derniers rangs de l'armée,
« ceux-ci le trahirent et tuèrent son frère Mo-
« hammed. Le chef de leurs officiers, s'étant
« alors jeté sur le roi, le saisit par le corps ;
« mais Ghamorâcen, plus vigoureux que son
« adversaire, parvint à se débarrasser de lui ; il
« appela à son secours les gens de sa tribu,
« qui, dégaînant leurs épées, coururent
« attaquer les Chrétiens (Roum), et en firent
« un tel massacre, qu'il n'en échappa pas un
« seul. C'est là, ajoute Yahia ben Khaldoun,
« la raison pour laquelle les rois de sa dynas-
« tie n'ont plus voulu, depuis cette époque,
« prendre les Chrétiens à leur solde (1). »

واستخدم امير المومنين رضوان الله عليه من روم الموحدين (١)
زهاء البين فارس وفى يوم الاربعا الخامس والعشرين لشهر
ربيع الاخر سنة اثنتين وخمسين وستمـاية عـرض رحمـه
الله عساكره كافة بالمنية مر ظاهر الحضرة فغدر به النصارى
عند مرورة بساقتهم فقتلوا اخاه محمدا واحتضنه كبير فوادهم
وانجزب رضوان الله عليه بفوته الفضل منه وصاح بقبيلـه
واعتورت سيوفهم لولايك الروم فقتلوا من عند اخرهم حتى
لم تبق منهم عين تطرف وذلك هو السبب فى عدم استخدام
النصارى عند بنيه حتى الان.

De ce fait, il est permis de conclure deux choses, la première, c'est que les Almohades n'avaient pas massacré tous les Chrétiens vers le milieu du douzième siècle, puisque dans la seconde moitié du siècle suivant, il y en avait encore un si grand nombre dans leurs États, qu'on pouvait les enrôler dans les armées musulmanes; la seconde, c'est qu'à Tlemcen et dans les autres villes du royaume, les chrétiens mozarabes soumis auparavant aux Almohades, durent éprouver le contre-coup de ce massacre, et subir les conséquences de la haine que Ghamorâcen leur voua probablement depuis cette malheureuse époque.

Dans les temps postérieurs, si l'histoire d'Afrique parle encore des Chrétiens, c'est pour nous apprendre qu'ils gémissent dans les fers, ou qu'ils sont au nombre des renégats. Il n'est plus fait mention ni d'évêques, ni de prêtres, ni d'églises. Les temples chrétiens furent démolis ou convertis en mosquées, et le sacerdoce s'éteignit avec eux sous le souffle du fanatisme et de l'intolérance. La voix du pape qui donna le dernier avertissement à cette église désolée, nous est connue : nous ignorons le nom du pontife qui, en rendant le dernier soupir, termina la chaîne de la succession épiscopale dans l'Église jadis si florissante de l'Afrique.

Dans les siècles qui suivirent la ruine du christianisme dans cette contrée, de zélés missionnaires tentèrent plus d'une fois d'y faire pousser de nouveau la semence de l'Évangile. C'est ainsi que dans le quatorzième siècle, cinq moines de l'ordre de saint François d'Assises s'embarquèrent pour aller prêcher la foi dans le Maroc; mais ils furent mis à mort avant d'avoir pu convertir une seule personne (1), et le martyre fut la récompense de leurs généreux, mais inutiles efforts.

J'ai lu aussi quelque part que dans le siècle suivant, des Pères de la Rédemption, appartenant à la nation espagnole, ayant été envoyés à Tlemcen pour y racheter des esclaves, y furent eux-mêmes retenus prisonniers, et expirèrent dans les fers.

Quand on examine sans prévention les

_____

(1) *Africa christiana*, tom. I, pag. 46.

causes qui ont concouru à l'extinction de la foi dans le nord de l'Afrique, si l'on met de côté le fait de la domination musulmane, qui seul aurait suffi pour détruire peu à peu, et avec l'aide du temps, l'œuvre merveilleuse des premiers siècles de l'Église, l'on trouve que ce qui a accéléré la ruine du nom chrétien dans cette malheureuse contrée, c'est bien moins la haine de notre sainte religion, que l'aversion politique et nationale que les Musulmans conçurent contre les Chrétiens, à la suite des croisades et des maux que ceux-ci leur firent souffrir, tant en Orient qu'en Occident. En effet, tant qu'ils purent jouer à notre égard le rôle d'agresseurs, tant que leurs armes furent triomphantes et que leur nom fit trembler la chrétienté, le sentiment de leur force et de leur supériorité contint, jusque dans certaines limites, l'ardeur de leur fanatisme; mais quand le sort des armes eut changé, et qu'au lieu d'être agresseurs, ils se virent eux-mêmes attaqués dans leurs propres foyers; quand, dans les plaines de la Syrie et dans les montagnes de la Palestine, ils eurent éprouvé la vaillance

et le bras de nos croisés ; quand les rois nor-
mands de la Sicile eurent anéanti la domination de l'islam en Sicile, et planté même
leurs drapeaux victorieux sur la côte d'Afrique ; quand, en Espagne, les successeurs de
Pélage eurent appris aux Sarrasins, par une
guerre incessante et acharnée, que le parti
avait été pris de les exterminer et de les
chasser de la Péninsule, alors leur antipathie
religieuse se changea en fureur ; le nom chrétien ne fut plus prononcé qu'avec exécration ;
tout infidèle fut considéré comme un ennemi
de la nation, et l'on mit alors plus que jamais
en pratique cette maxime du Koran : « Com-
« battez ceux qui ne croient point en Dieu
« ni au jour dernier, qui ne regardent point
« comme défendu ce que Dieu et son apôtre
« ont défendu ; oui, combattez ceux d'entre
« les hommes des Écritures qui ne professent
« pas la croyance de la vérité, jusqu'à ce qu'ils
« payent le tribut de leurs propres mains,
« et qu'ils soient humiliés (1). » Alors les an-

فاتلوا الذين لا يؤمنون بالله ولا باليوم الآخر ولا يحرّمون (١)
ما حرّم الله ورسوله ولا يدينون دين الحق من الذين اوتوا

3

ciennes églises furent ou livrées aux flammes
ou destinées à des usages profanes, et tout

لكتاب حتى يعطوا الجـزية عن يدهم وهـم صاغرون.

(Surate IX, v. 29).

Ce passage n'a pas été fidèlement rendu par l'auteur de la
Traduction nouvelle faite sur le texte arabe (Paris, Charpen-
tier, éditeur, 1841, pag. 145 et 146), qui traduit : *Faites la
guerre à ceux qui ne croient point en Dieu ni au jour dernier, etc.*, *et à ceux d'entre les hommes des Écritures qui ne
professent pas la croyance de la vérité, etc.*

Dans le texte arabe, il n'y a pas la conjonction *et* devant
les mots *à ceux d'entre les hommes des Écritures*; et dans les
deux parties du verset, il ne s'agit que des *hommes* ou *possesseurs des Écritures*, c'est-à-dire des Mages, des Juifs et des
Chrétiens. Ce verset n'établit donc pas, comme le dit le même
traducteur dans une note, une différence entre les idolâtres
qui doivent être exterminés et les peuples qui, ayant par de-
vers eux quelque livre sacré, doivent être seulement soumis
à payer un tribut. Beydhawii, dont l'autorité est ici irrécu-
sable, commente ainsi ce verset : « *Combattez ceux qui ne
croient point en Dieu ni au jour dernier*, c'est-à-dire, qui
n'ont pas, relativement à ces deux dogmes, une croyance or-
thodoxe et telle que nous l'avons exposée au commencement
de la surate de la Vache, car leur foi n'est pas une foi :

اى لا يؤمنون بهما على ما ينبغى كما بيّنتاه فى اول البقرة
فان ايمانهم كلا ايمان.

« *Ils ne regardent point comme défendu ce que Dieu et son envoyé ont défendu*, c'est-à-dire, ce que le livre sacré et la sonnah
déclarent défendu : ما ثبت تحريمه بالكتاب والسنّة

« *Son envoyé :* quelques-uns entendent par là celui dont
les mécréants se disent les sectateurs. Le sens est que,
dans leurs croyances et dans leurs œuvres, ils sont en contradiction avec leur religion primitive qui a été abrogée :

européen qui eut le malheur de tomber entre
leurs mains dut choisir entre l'apostasie et

وفيل رسوله هو الذى يزعمون اتّباعه والمعنى انّهم يـخـالفون
اصل دينهم المنسوخ اعتقادًا وعملًا.

« *Et qui ne professent pas la religion de la vérité*, c'est-à-dire
véritable, qui abroge les autres religions et les annule :

الثابت الذى هو ناسخ سائر الاديان ومبطلها.

« *Ceux d'entre les hommes des Écritures.* C'est le développement
des paroles : *ceux qui ne croient point.* بيـان للذين لا يؤمنون
Voy. *Beydhawii*, édition de Fleischer, Leipzig, 1845, pag. 384.

L'inexactitude que je viens de relever dans un passage aussi
important, prouve qu'une bonne traduction du Koran est encore à faire. Or, une bonne traduction n'exige pas seulement la
connaissance de la langue arabe, mais encore l'étude des com-
mentaires de ce code, et des notions théologiques assez étendues
dans les religions qui s'y trouvent mentionnées. Tant qu'une
pareille version nous manquera, les citations du Koran faites
soit pour, soit contre la religion chrétienne par les philosophes
ou par les théologiens qui ne savent pas l'arabe, ne jouiront
pas d'une grande valeur auprès des véritables savants, par la
raison qu'on pourra toujours révoquer en doute la fidélité des
traductions dont ils auront fait usage. C'est la réflexion qui s'est
présentée d'elle-même à mon esprit, quand, voulant vérifier
un passage du Koran cité par Bergier dans son *Dictionnaire
théologique*, article *Mahomet*, j'ai découvert qu'elle était non-
seulement contraire à la lettre du texte, mais, de plus, fabri-
quée avec des lambeaux de versets pris çà et là dans le Koran.
Voici la citation :

*Combattez contre les infidèles, jusqu'à ce que toute fausse
religion soit exterminée : mettez-les à mort, ne les épargnez
point, et lorsque vous les aurez affaiblis, réduisez le reste en
servitude et écrasez-les par des tributs.* Bergier et ceux qui
l'ont copié entendent, en général, ces paroles non-seulement

3.

la bastonnade quotidienne. L'esprit de ven-
geance et les représailles, telles furent, sui-

des Idolâtres, mais encore des Chrétiens et de tous les peuples qui ne professent point l'islamisme, en sorte que, d'après
ces prescriptions du Koran, les Musulmans auraient ordre
d'exterminer indistinctement tous ceux qui ne voudraient pas
embrasser leur secte, ce qui est d'une fausseté manifeste.
Les premières paroles : *Combattez contre les infidèles jusqu'à
ce que toute fausse religion soit exterminée,* sont tirées de la
première partie du verset 186 de la surate II, où on lit :
فاتلوهم حتى لا يكون فتنة ويكون الدين لله. *combattez les*
jusqu'à ce qu'ils ne soient plus pour vous un sujet de tentation,
et que tout culte soit celui du Dieu unique. Je ferai remarquer
en premier lieu que dans ce verset, comme dans ceux qui le
précèdent ou le suivent, il n'est pas dit un seul mot des Chrétiens ; il s'agit seulement des idolâtres de la Mecque qui persé-
cutaient Mahomet et sa religion naissante, car on lit quelques
lignes plus haut : *ne leur livrez pas de combat auprès de la*
Caabah, à moins qu'ils ne vous attaquent. C'est ainsi d'ailleurs
que ce passage est expliqué par le commentateur Beydhawii.
En second lieu, les mots : *jusqu'à ce que tout culte soit celui*
du Dieu unique, s'entendent des cultes qui reconnaissent la
pluralité des dieux, et non de celui des Chrétiens qui n'a-
dorent qu'un seul dieu ; il est par conséquent inexact de tra-
duire : *jusqu'à ce que toute fausse religion soit exterminée.* La
religion chrétienne, celles des Juifs et des Mages, sont tolé-
rées, pourvu que ceux qui les professent payent un tribut.

Mettez-les à mort ; ne les épargnez pas. C'est la traduction
du 187e verset de la surate II, qui porte : واقتلوهم حيث
ثقفتموهم. *tuez-les partout où vous les trouverez,* et qui s'entendent également des idolâtres de la Mecque.

Réduisez le reste en servitude. La servitude était autrefois
le droit de la guerre chez toutes les nations : cette prescription ne regarde ici que les hommes pris les armes à la main.

vant moi, les causes véritables de l'extinction totale du christianisme dans l'Afrique septentrionale.

Plus de six siècles avaient passé sur cette terre infidèle, quand la France, toujours généreuse, toujours grande, est venue mettre un terme au règne de la barbarie et de la cruauté. Après une nuit si longue, la lumière de la foi a de nouveau resplendi dans la patrie de saint Augustin, et un pontife, assis sur la chaire de ce grand docteur, enseigne la même doctrine, professe les mêmes dogmes, pratique le même culte. Des églises nouvelles s'élèvent partout dans nos possessions africaines, et le nom du Sauveur du monde est invoqué aujourd'hui jusqu'à la limite du désert et dans les montagnes de l'Atlas les plus ardues et les plus inaccessibles.

Tlemcen, comme l'une des dernières villes conquises, ne jouit que depuis quelques années des bienfaits de la religion chrétienne.

Écrasez-les par des tributs. Ceci est tiré de la surate IX, verset 29, où il est dit : *combattez-les jusqu'à ce qu'ils payent le tribut et qu'ils soient humiliés.* Nous avons vu que cette prescription a en vue les Chrétiens, les Mages et les Juifs, qui refusent d'embrasser l'Islamisme.

En 1845, elle vit entrer dans ses murs le premier pasteur du nouveau diocèse, Mgr Dupuch. C'était la première fois, depuis la conquête de l'Algérie, qu'un ministre de Jésus-Christ mettait les pieds dans cette vieille capitale de l'Afrique musulmane.

Les os des Chrétiens ensevelis depuis des siècles dans cette terre infidèle durent tressaillir de contentement sous les pas de ce nouvel apôtre. Le saint sacrifice fut offert par lui, en plein air, dans le jardin du *Méchouar*, l'ancienne demeure des rois sarrasins. Après un séjour de quelques jours, pendant lesquels il visita les hôpitaux, consola les malades, et remplit les autres fonctions de son ministère, il quitta la ville, emportant les bénédictions et les regrets des Chrétiens, ses frères. Ceci se passait vers la fin du mois d'avril de l'année 1845.

Deux mois après, le 6 juillet, le culte catholique était inauguré dans une synagogue que l'on avait appropriée à cet effet, et le nouveau curé était installé par un vicaire général du diocèse d'Alger, en présence des autorités militaires, au son des instruments

et au bruit du canon. Le pasteur de Tlemcen
ne devait pas faire un long séjour au milieu
de ses ouailles. Sept mois après cette solen-
nelle installation et ces fêtes magnifiques, on
le voyait se promenant dans les rues de Paris,
loin du tumulte des combats et des balles
homicides des Bédouins : c'est que l'Algérie
entière s'était soulevée contre la domination
des *Roumis*. Boumaazah, suivi de sa chèvre,
avait prêché la guerre sainte contre les infidèles. Abd-el-Kâder avait ravagé la province
de l'Ouest avec ses cavaliers plus féroces
que les panthères de l'Atlas, et Tlemcen,
assiégée pendant près de six mois, n'avait dû
son salut qu'à la défense habile du général
Cavaignac. Il en fallait, sans doute, moins
pour déterminer le courageux curé à une
retraite honorable. A la suite de cette fuite
inattendue, l'église de Tlemcen resta veuve
l'espace de neuf mois. Pendant cet intervalle,
des enfants vinrent au monde, qui ne furent
point régénérés par les eaux du baptême ;
des mariages se contractèrent, que l'Église
ne put consacrer par ses bénédictions ; des
malades rendirent le dernier soupir en récla-

mant en vain les secours et les consolations de la religion, et chacun enterra ses morts comme il l'entendit.

Lorsque le successeur du premier curé arriva avec moi à Tlemcen, le 22 septembre de l'année 1846, il trouva plus de vingt enfants sans baptême et environ cinq ou six couples qui ne se pressèrent pas de demander la bénédiction de l'Église.

Pour expliquer une indifférence aussi coupable, je ferai remarquer que la population chrétienne de Tlemcen, sans compter la garnison ni les malades des hôpitaux, se composait, à cette époque, d'environ 250 individus dont les deux tiers étaient des Italiens ou des Espagnols, espèce d'aventuriers mal notés et surveillés par la police du lieu. Une caste encore plus vile, ce sont les femmes de mauvaise vie que ces hommes attirent après eux. L'on conçoit que cette portion de la population civile ne se soucie que fort médiocrement de leur salut et de celui de leurs enfants.

L'église de Tlemcen est petite, mais d'une structure élégante et du style mauresque. La nef du milieu est formée par des arcades

qui la longent de chaque côté et la séparent
des deux autres nefs latérales. L'édifice n'offre
ni fenêtres ni vitraux, mais il reçoit le jour
par la voûte qui est ouverte sur les deux côtés
dans le sens de sa longueur, et munie d'un
vitrage. Des images représentant des sujets
religieux sont appendus ou collés çà et là aux
murs. On y remarque aussi quelques *ex voto*
passablement mal peints. L'autel est placé au
fond du temple, en face de la porte, dans
une espèce de niche très-étroite, qui res-
semble au *mihrab* des mosquées. A la droite
de l'autel, se trouve une porte qui mène à la
sacristie; là, une grande statue en terre cuite,
et hors de service, semble, par son attitude
grave et menaçante, avoir été préposée à la
garde du trésor de l'église. C'était dans ce
modeste sanctuaire que nous rompions le pain
de bénédiction et que nous levions les mains
vers le ciel, demandant au Père commun
des hommes la conversion des Musulmans
aussi bien que celle des Chrétiens. N'ayant ni
bedeau, ni suisse, ni sacristain, le curé remplis-
sait lui-même toutes ces fonctions, et nous
nous servions l'un l'autre à l'autel et dans les

cérémonies du culte. Une cloche appelait les
fidèles aux prières publiques. J'ai mille fois
regretté qu'un *muezzin* chrétien ne fît pas
cet appel du haut d'une tour, à l'exemple des
Musulmans. Les jours de dimanche, la garnison suivie de l'état-major de la place venait
assister au service divin, pendant lequel elle
exécutait des symphonies en l'honneur du
Saint des Saints : à ces signes extérieurs de
religion, les Arabes, qui regardent en général
les Français comme des impies et des athées,
pouvaient se convaincre que nous adorons un
Dieu : ils font, toutefois, une exception en faveur des marabouts chrétiens, pour lesquels ils
professent la plus grande vénération : le fait
suivant, que je choisis entre plusieurs autres,
en est une preuve manifeste. Un jour j'allai,
de compagnie avec M. le curé, faire une visite
au chef du bureau arabe de Tlemcen. Nous
rencontrâmes plusieurs chefs indigènes dans
la cour du diwan : il y avait parmi eux des
scheiks, des imams et des jurisconsultes (*el-
fakih*). Leur président, vénérable vieillard à
barbe blanche, drappé de son haïk à la façon
des héros d'Homère, s'approcha de nous, et

nous demanda poliment qui nous étions. Me
faisant alors l'interprète de mon confrère, qui
ne savait pas l'arabe, « Celui qui est avec moi,
lui répondis-je, est le nouveau marabout des
chrétiens et l'imam des disciples de notre seigneur Aïça, sur qui Dieu répande mille et
mille bénédictions ! »

En entendant ces paroles, il s'inclina profondément devant le curé, prit la main droite
de celui-ci et la baisant avec respect, « Respec-
table *kacis* (prêtre), lui dit-il, soyez le bien-
venu; priez le Seigneur des siècles (1) pour
votre serviteur, pour sa famille et ses amis. »

Cette vénération des musulmans pour les
prêtres chrétiens peut être assignée à trois
causes principales : 1° au sentiment religieux
dont leur âme est profondément imbue dès
leur plus tendre enfance, et qui fait qu'ils
regardent en général les personnes dévouées
à Dieu comme placées au dessus des autres
hommes et ayant des communications intimes
avec le ciel; 2° à la haute idée que les Pères
de la Merci, qui se vouaient autrefois au ra-

(1) Renbb el-âlamin.

chat des esclaves, leur ont donnée de la charité des prêtres et des moines chrétiens; 3° à ces paroles favorables aux prêtres qui sont consignés dans le Koran (1) : *Tu trouveras que ceux qui nourrissent la haine la plus violente contre les vrais croyants, sont les Juifs et les Idolâtres. Tu trouveras au contraire que les hommes les plus disposés à les aimer sont ceux qui disent : nous sommes chrétiens : c'est parce qu'ils ont des prêtres et des moines, hommes exempts de tout orgueil* (2).

Beydhawii commente ainsi ce passage : «*Les Chrétiens sont les plus disposés à aimer les Musulmans*, à cause de la douceur de leurs mœurs, de la bonté de leur cœur, de leur détachement des plaisirs de ce monde et de leur grande application à l'étude de la religion et à la pratique des bonnes œuvres (3).»

لا تجدنّ اشد الناس عدوةً للذين آمنوا اليهود والذين (١)
اشركوا ولا تجدنّ افربهم مودّةً للذين آمنوا الـذيـن فـالـوا
انا نصارى ذلك بان منهم فسيسين ورهبانـا وانـهـم
لا يستكبرون.

(2) Koran, Surat. V, v. 85.

للين جانبهم ورقّة فلوبهم وفلّة حرصهم على الدنيا وكثرة (3)
اهتمامهم بـالـعـلم والعمل *Beydhawii*, édition de Fleischer,
page 270).

Oh! combien ils sont près du royaume des cieux, ces hommes qui portent à nos prêtres un respect si mérité! Que de bien ne ferait pas au milieu d'eux un ministre zélé qui, connaissant parfaitement leur langue et versé dans leur littérature et leur théologie, établirait des relations amicales avec eux, s'insinuerait doucement dans leur esprit, et, par de pacifiques et prudentes discussions, affaiblirait peu à peu leurs préjugés, dissiperait leurs erreurs jusqu'ici invincibles et leur aplanirait ainsi la voie de la vérité évangélique! Malheureusement de tels ouvriers nous manquent, ou bien, s'il s'en est présenté, ils ont été éloignés du sol africain, comme des hommes dangereux et voulant jeter le trouble dans le pays.

Sous prétexte de tolérance et de liberté de conscience, l'on ne veut pas qu'on touche au Mahométisme. Il y a dix-huit ans que la France, ce pays si éminemment catholique, a fait la conquête de l'Algérie. Il est dans les desseins de la Providence que cette terre soit rendue au Christianisme et à la civilisation; or, dans ce long espace de temps, l'on a vu bien des Chrétiens se faire circoncire et embrasser la religion du faux prophète ; l'on n'a jamais ouï dire qu'un chef arabe, ni un musulman quelconque ait adopté publiquement la foi de Jésus-Christ. Dans nos possessions africaines, plus de cent prêtres exercent les fonctions du saint ministère ; il n'en est aucun qui sache dire deux mots de suite dans la langue du pays. Ces réflexions, je les livre à ceux de mes confrères ou supérieurs dans la hiérarchie ecclésiastique dont le cœur brûle du zèle de la maison de Dieu, et qui, par leurs ordres, leur influence, leur concours direct ou immédiat, seraient dans le cas de travailler au défrichement de ce champ du père de famille. Puisse ma faible voix être entendue !

www.ingramcontent.com/pod-product-compliance
Lightning Source LLC
LaVergne TN
LVHW022147080426
835511LV00008B/1307